Ballenas

Grace Hansen

LA VIDA EN EL OCÉANO

abdopublishing.com

Published by Abdo Kids, a division of ABDO, PO Box 398166, Minneapolis, Minnesota 55439.

Copyright © 2017 by Abdo Consulting Group, Inc. International copyrights reserved in all countries. No part of this book may be reproduced in any form without written permission from the publisher.

Printed in the United States of America, North Mankato, Minnesota.

052016

092016

Spanish Translator: Maria Puchol, Pablo Viedma

Photo Credits: iStock, Seapics.com, Shutterstock, Thinkstock, © Gabriel Barathieu / CC-BY-SA-2.0 p15

Production Contributors: Teddy Borth, Jennie Forsberg, Grace Hansen

Design Contributors: Laura Rask, Dorothy Toth

Publishers Cataloging-in-Publication Data

Names: Hansen, Grace, author.

Title: Ballenas / by Grace Hansen.

Other titles: Whales. Spanish

Description: Minneapolis, MN : Abdo Kids, [2017] | Series: La vida en el océano | Includes bibliographical references and index.

Identifiers: LCCN 2016934880 | ISBN 9781680807509 (lib. bdg.) | ISBN 9781680808520 (ebook)

Subjects: LCSH: Whales--Juvenile literature. | Spanish language materials-- Juvenile literature.

Classification: DDC 599.5--dc23

LC record available at http://lccn.loc.gov/2016934880

Contenido

Ballenas

Las ballenas viven en todos los océanos del mundo.

Hay dos tipos de ballenas.
Los balénidos y las ballenas
con dientes. Todas las ballenas
son **mamíferos**.

Balénidos

Los balénidos son animales enormes. Estos animales **filtran** el alimento. Principalmente comen **plancton**.

La ballena azul es un balénido.

Es el **mamífero** más grande

que jamás haya existido.

11

Ballenas con dientes

Las ballenas con dientes tienen dientes. Comen peces y calamares entre otras cosas.

Un cachalote es una ballena con dientes. Su cabeza es gigantesca. Su cerebro es más grande que el de cualquier otro animal.

Partes del cuerpo

Todas las ballenas tienen aletas
pectorales y una aleta caudal.
Éstas les ayudan a moverse
en el agua. La mayoría de las
ballenas tienen una aleta dorsal.

16

aleta dorsal

aleta caudal

---------- aleta pectoral

17

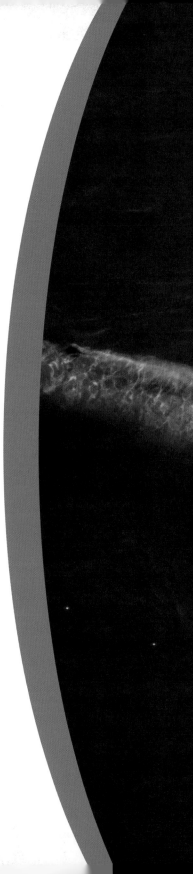

Todas las ballenas respiran
a través de espiráculos.
Los balénidos tienen dos
espiráculos. Las ballenas con
dientes sólo tienen uno.

18

espiráculo

19

Migraciones

Muchas ballenas viajan largas distancias. Se mueven de aguas frías a aguas más templadas. Las ballenas buscan alimento en aguas frías. Tienen a sus crías en aguas más cálidas.

20

21

Más datos

- A la beluga también se la llama ballena blanca. Es una de las pocas ballenas que no tienen **aleta dorsal**. Puede vivir hasta 50 años en libertad.

- A las ballenas jorobadas se las conoce por el sonido que emiten. Estos sonidos se prolongan durante horas. Son muy complejos. Los científicos creen que están comunicándose con otras ballenas jorobadas.

- Los cachalotes son fáciles de ver gracias a su cabeza. Es muy probable que el gran tamaño de su cabeza les ayude a nadar en lo profundo del océano.

Glosario

aleta caudal – parte de la cola de una ballena.

aleta dorsal – extremidad en la espalda de la mayoría de las ballenas.

aleta pectoral – extremidad plana y grande que se usa para nadar.

filtrar – separar el alimento del agua.

mamífero – animal de sangre caliente con pelo en su piel y cuyas hembras producen leche para alimentar a las crías.

plancton – diminutos organismos que flotan en el mar. Muchos animales marinos grandes se alimentan de plancton.

Índice

abdokids.com

¡Usa este código para entrar en abdokids.com y tener acceso a juegos, arte, videos y mucho más!

Código Abdo Kids:
OWK7136